¡Brrrum!
Los Ferraris

por Mari Schuh

Bullfrog en español

Ideas para padres y maestros

Bullfrog Books permite a los niños practicar la lectura de textos informativos desde el nivel principiante. Las repeticiones, palabras conocidas y descripciones en las imágenes ayudan a los lectores principiantes.

Antes de leer
- Hablen acerca de las fotografías. ¿Qué representan para ellos?
- Consulten juntos el glosario de las fotografías. Lean las palabras y hablen de ellas.

Durante la lectura
- Hojeen el libro y observen las fotografías. Deje que el niño haga preguntas. Muestre las descripciones en las imágenes.
- Léale el libro al niño o deje que él o ella lo lea independientemente.

Después de leer
- Anime al niño para que piense más. Pregúntele: ¿Has visto un Ferrari? ¿Era rojo?

Bullfrog Books are published by Jump!
3500 American Blvd W, Suite 150
Bloomington, MN 55431
www.jumplibrary.com

Copyright © 2026 Jump! International copyright reserved in all countries. No part of this book may be reproduced in any form without written permission from the publisher.

Jump! is a division of FlutterBee Education Group.

Library of Congress Cataloging-in-Publication Data is available at www.loc.gov or upon request from the publisher.

ISBN: 979-8-89662-163-8 (hardcover)
ISBN: 979-8-89662-164-5 (paperback)
ISBN: 979-8-89662-165-2 (ebook)

Editor: Jenna Gleisner
Designer: Anna Peterson
Translator: Annette Granat

Photo Credits: Brandon Woyshnis/Shutterstock, cover; Ginettigino/Dreamstime, 1; Alexandre Prevot/Shutterstock, 3, 20–21; Fariz Abasov/Shutterstock, 4, 5; i viewfinder/Shutterstock, 6–7, 23tl, 23tr; D-VISIONS/Shutterstock, 9; Johnnie Rik/Shutterstock, 10–11; Sport car hub/Shutterstock, 12–13, 23bl; Hafiz Johari/Shutterstock, 14; ZRyzner/Shutterstock, 15; EvrenKalinbacak/Shutterstock, 16–17, 23br; Naomi_Yuki/Shutterstock, 18–19; Mau47/Shutterstock, 22; Pant52005/Dreamstime, 24.

Printed in the United States of America at Corporate Graphics in North Mankato, Minnesota.

Tabla de contenido

Autos rojos	4
Las partes de un Ferrari	22
Glosario de fotografías	23
Índice	24
Para aprender más	24

Autos rojos

Mira este auto brillante. Es rojo.

Es un Ferrari.

El **logo** es un caballo.
Este está **cabriolando**.

El primero fue hecho en 1947. ¡Guau!

Muchos Ferraris son rojos.

¿Por qué?

Los autos de carrera de Italia son rojos.

Muchos **modelos** tienen puertas que se abren hacia arriba.

Este modelo compite.

¡Gana!

El **motor** se enciende.

Retumba.

¡Ruge!

¡El 488 corre rápido!

Un F8 pasa por acá.

¡Brrrum!

Las partes de un Ferrari

¡Un Ferrari FXX Evo puede alcanzar 249 millas (400 kilómetros) por hora! ¡Échales un vistazo a las partes de un Ferrari!

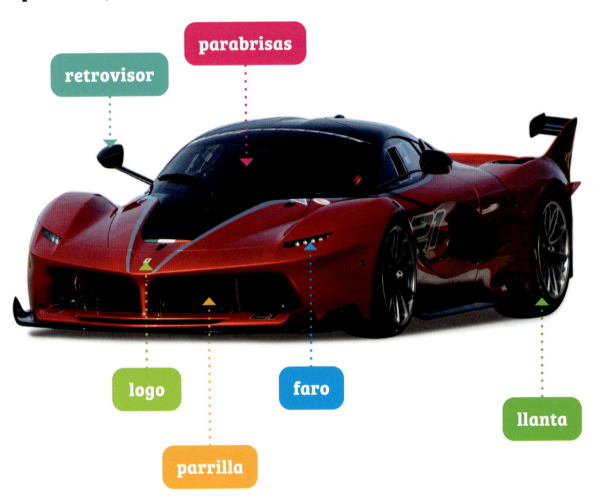

Glosario de fotografías

cabriolando
Elevándose sobre las patas traseras y brincando hacia adelante.

logo
Un símbolo que representa una compañía.

modelos
Tipos o diseños particulares.

motor
Una máquina que hace que algo se mueva con gasolina u otra fuente de energía.

Índice

488 18

autos de carrera 11

brillante 4

caballo 6

compite 14

F8 21

Italia 8, 11

logo 6

modelos 12, 14

motor 17

puertas 12

rojo 4, 11

Para aprender más

Aprender más es tan fácil como contar de 1 a 3.

❶ Visita **www.factsurfer.com**

❷ Escribe "**LosFerraris**" en la caja de búsqueda.

❸ Elige tu libro para ver una lista de sitios web.